AUTHOR   MSc   ABDIRIZACK   MOHAMED   HERSI
(AFRAH)

ISBN: 978-1-7375702-0-2 (Paperback)
ISBN: 978-1-7375702-0-2(Hardcover)
Library of Congress Control Number: 00000000000

Any references to historical events, real people, or real places are used fictitiously. Names, characters, and places are products of the author's imagination.
Front cover image by Artist.
Book design by Designer.

Printed by DiggyPOD, Inc., in the United States of America.
First printing edition 2021.
 Publisher Abdirizack Hersi
2107 Maiposa Ln. 225 Arlington
Tx.76010
zackhersi@yahoo.com

ACKNOWLEDGEMENT

I am thankful to my wife and children who have encouraged me to write this book. My children, nieces, and nephews, who are all born in North America, are very enthusiastic for an easy and tangible way to learn the Somali language. I believe language is the key factor to help bridge the cultural gap between native Somali speakers and the new generation emerging from the Somali diaspora. My aim is to create a one stop shop book to learn contemporary Somali language for those who aspire to learn their mother tongue and for others who are interested to learn Somali language. Somalia is known as the land of the poets and its language is rich with connotations and proverbs. Therefore, I hope my book will inspire first generation Somalis and the rest of the world to learn and create new experiences with the Somali language.

Besides, I would like to thank all concerned individuals, experts, institutions, and countries who are interested in learning Somali language to interconnect with their counterpart and successfully achieve their goal of learning the language. Lastly, I would like to thank Idris Dahir Gudal and my other peers in Dallas, Texas who are very helpful and enthusiastic to see my book come together.

ABOUT THE AUTHOR

Abdirizack M. Hersi (Afrah) has a background in science and education. Mr. Hersi have worked as a Life Science teacher in Waxahachie high school, Texas. Also, he was a research associate in urban entomology for Texas Agricultural Experiment Station at Texas A&M University. Mr. Hersi had conducted different biological and chemical control experiments and co-authered publications about urban and ornamental pests.

Mr. Hersi obtained MSc in Crop Protection Technology with the option of Entomology from Reading University at Berkshire, UK. He wrote a thesis in aggregation pheromone of larger grain borer (Prostaphanous trunctus). Abdirizack is a Somali native who obtained his BSc from Somali National University where he wrote a thesis of comparing the different varieties of sorghum.

As a crop protection officer, he has worked on crop pests, stored pests, migratory pests such as army worms (spodotera spp), locust, quella quella birds, mice, and blood sucking insects such as mosquitoes and bedbugs.

Throughout the years, Hersi has done various community contracts as an entomologist which led him to the world of community outreach. As an active member and community leader, Hersi wishes to give back to the youth by creating resources to nurture the Somali culture for the future generations. In this book, Abdirizack draws from his experiences of facilitating various Somali language courses for first generation Somali Canadians. He realized the students were lacking general grammatical knowledge since there was rarely any opportunity to formally learn how to read and write in Somali.

Mr. Hersi hopes his work will reach the masses and projects a wave of admiration towards Somali literature from all sorts of demographics.

Learn or teach.　　　**Bar ama baro**

INTRODUCTION

This book is intended for anyone who is interested to
  Learn the Somali language as well as English language
  in a short period of time.

  This contemporary Somali language book is
based on English and Latin grammar.

The book will teach you how to use the current up
to date vocubularies, short phrases, and sentences.
The grammer part of this course will support you to
understand how to connect phrases and form
meaningful sentences. Every part of English and
Latin grammar may not be found in Somali
grammar. However, there are similarities and
differences of grammer concept to construct
phrases and sentences of both English and Somali
languages.

This book will not only help you to understand how
to read and write the Somali language but also it
will teach you how to communicate easily within
the Somali communities.

There will be exercises and example dialogues to
practice the lessons learned. Practice makes
perfect.

■■

TABLE OF CONTENTS

Chapter One

CHAPTER ONE

CONSONANTES AND VOWLES

Learn the Somali Language alphabets.

CONSONANT: SHIBANAYAAL

B	T	J	X	KH	D	R
S	SH	DH	C	G	F	Q
K	I	M	N	W	H	Y

SHORT VOWLS: SHAQAL GAABAN

A	E	I	O	U

LONG VOWLS: SHAQAL DHEER

AA	EE	II	OO	UU

Phonetics and vocabularies chart

LETTERS AND PHONETICS

Sound chart

Letters	Sound	Somali Word	Translation
B	BA	Baabuur	Car
T	TA	Tartan	Competition
J	JA	Jaar	Neighbour
X	XA	Xaaqid	Sweep
KH	KAH	Khalad	Wrong
D	DA	Daris	Neighbour
R	RA	Rar	Load
S	SA	Sahan	Survey
L	LA	Laf	Bone
SH	SHA	Shaqal	Vowel
DH	DHA	Dheer	Long
C	AH	Carar	Run

G	GA	Gaaban	Short
F	FA	Fanaan	Singer
Q	KAH	Qashin	Garbage
K	KA	Kaah	Light
M	MA	Ma arag	Didn't see
N	NA	Nasiib	Luck
W	WA	Wareer	Confuse
H	HA	Hanaan	Shape
Y	YA	Yaanyuur/Bisad	Cat

Somali language sounds like Arabic language.

The Somali language alphabets were borrowed from the Latin language letters like the English language. The Somali language has similar sounds and words, which are derived from the Arabic language and are not common in English.

Somali letter	Shared Sounds	Arabic Letters
C	CA	ع

		ع
DHA	DHA	ظ
KH	KHA	خ خ
X	XA	ح

HAMZA (') APOSTROPHE

JOOGSI (.) FULLSTOP

HAKAT (,) COMMA

CHAPTER TWO

PHRASES

The following are common words and phrases for conversation.

Phrases = Erayo gaagaban

Speak	Hadal
Speak louder	Kor u hadal
Talk	Hadal
Say	Dheh
Say Wallahay	Wallahay dheh/ Wallahi dheh
See	Arag
See the girl.	Gabadha arag
See the tower.	Siinka dheer arag
Look	Fiiri
Look for a job.	Shaqo raadso (Shaqo Fiirso)
Eat	Cun
Eat less	Wax yar cun
Eat more	Wax badan cun
Drink	Cab
Drink like a fish.	Sida malayga u cab
Sleep	Seexo
Take a nap	Indho casayso (Wax yar seexo)
Wake up	Toos (kac)
Come	Kaalay
Come in	Soo gal
Come back	Soo noqo
You became	Waxaad noqotay
Change	Badal (Isbadal)
Change your cloth	Dharka iska badal
We need change	Waxaan u baahanahay isbadal.

Go	Tag
Go back	Noqo
Walk	Soco
Walk in clinic	Xurun caafimaad oon balan u baahnayn
Walk	Lugee
Walk-around	Soo lugee (soo wareeg)
Run	Orad
Run	Carar
Run	Cagaha wax day
Cook	Kari
Well done	Si fiican oo dhamaystran
Clean	Nadiifi
Jump	Bood
Jumb high	Kor u bood
Jumb over	Ka dul bood
Sing	Hees
Play	Ciyaar
Cry	Ooy
Do not cry like baby.	Sida caruurta ha u ooyin.
Say Something	Wax dheh
Tell us	Noo sheeg
Hear	Maqal
Listen	Dhagayso
Listen carefully	Si kaadsoon u dhagayso
Clap	Sacab
Write	Qor
Read	Akhri
Open	Fur
Close	Xidh
Put on	Shid (Daar)/xidho
Put Off	Dami/sib/saar
Ask	Waydii
Watch	Ilaali
Watch out	Iska ilaali

Wristwatch	Saacad gacmeed
Keep	Hay
Keep it	Hayso
First	Ugu horayntii
Firstly,	Marka U horaysa
Secondly,	Marka labaad
Last	Ugu dambayn
Lastly,	Marka u dambaysa
Conclusion	Gabagabdii
I conclude my speech	Hadalkayga waxaan ku gabagabeeyay
Follow me	Iso daba gal
Turn right	Midig u leexo
Turn left	Bidix u leexo
Straight forward	Saani (hortaada)
Backward	Gadaal
Right side	Dhinac Midig
Left side	Dhinac Bidix
Dead end	Dhamaad
Come to me	Ii kaalay
Give me	Isii
Tell me	Ii sheeg
Tell me	Ii waran
Leave it	Iskadhaaf or Iskadaa
Call me	Ii soo wac
Call me	Ii soo garaac
Stop	Jooji/Joogso
Get up	kac
Stand up	Istaag
Sit-down	Fadhiiso (Fariiso)
I am leaving.	Anigu waan baxayaa
I am leaving	Anigu waan tagayaa
I am gone	Anigu waan baxay
I am gone	Anigu waan tagay
Tell him	Usheeg

Bring	Keen
Bring back	Soo celi
Bring to him	Asaga U keen
Bring from him	Asaga Ka keen
Bring from him	Asaga Ka soo qaad
Get from him	Asaga Ka soo qaad
Forget it	Iloow
Isn't it	Soo ma aha
Ran away from	Ka carar
Get out of my face	Wajigaga ka hor dhaqaaq
Leave me alone	Iska kay dhaaf
Do not come back	Ha soo noo qon

Either be a mountain or lean to a mountain.
Ama buur ahaw ama buur ku tiirsanaw.

Do you = Ma   **Ma + verbs that ends with ay**
and sa

Ma: By itself doesn't make meaning with out a verb.

Do you know?	Ma ogtahay?
Do you see?	Ma arkaysaa?
Did you see?	Ma aragtay?
Do you hear?	Ma maqlaysaa?
Did you hear?	Ma maqashay?
Did you feel?	Ma dareentay?
Do you feel?	Ma dareemaysaa?
Did you tell him?	Ma u sheektay?
Do you want to tell him?	Ma doonaysa in aad asaga u
sheegtid?	

No	Maya
Yes	Haa

Do not = Ma   **Ma + Verbs that ends with O**

Present tense   **Wakhtiga taagan**
I do not need.   Ma rabo.
I do not need.   Ma doonaayo.
I do not have.   Ma hayo.
I do not know   Ma garanayo.
I do not understand.   Ma fahmayo
I do not see   Ma arkayo/Ma arko
I do not hear   Ma maqlayo
I do not smell   Ma urinayo
I do not feel   Ma dareemayo

Past tense   **wakhtiga tagay**
I did not see it.   Ma arag.
I do not like it.   Ma jeceeli.
I did not understand.   Ma fahmin.

Again =Hadana   **Hadana + Pronoun + Verb**

Give me again.   Hadana aniga isii
Give him again.   Hadana asaga sii
Give her again.   Hadana ayada sii
One more time   Mar labaad.
Give me one more time.   Mar labaad isii.
Repeat again.   Mar kale ku ceeli.
Repeat it for me.   Igu celi

Can = Kara   **Describer + Verb + karaa**

I can read.   Waan akhrin karaa
I can talk to him.   Waan la hadli karaa
He can drive the car.   Wuu wadi karaa gaadhiga
She can write a paper.   Way qori kartaa warqad
They can visit the office.   Way booqan karaan xafiiska

You (Pl) can go.	Waad tagi kartaan
We can swim.	Waan dabaalan karnaa

Cannot = Ma karo	**Ma + Verb for 1st person + karo**
I cannot talk.	Ma hadli karo
I cannot sleep.	Ma seexan karo
I cannot work.	Ma shaqayn karo
I cannot run.	Ma ordi karo
I cannot finish.	Ma dhamayn karo
I cannot eat.	Ma cuni karo
I cannot drink.	Ma cabi karo

Cannot= Lama	**Lama + Verb + 3rd person.**
I cannot talk to him.	Anigu lama hadli karo asaga
I cannot talk to her.	Anigu lama hadli karo ayada
Cannot sleep here	Halkan lama seexan karo
Cannot stay in this house	Gurigan lama joogi karo
Sunny day	Maalin qoraxeed
Cloud	Daruur
Clouds	Daruuro

With = La	**La + Verb**
Talk with	La hadal
Converse with	La sheekayso
Play with	La cayaar
Enjoy with	La bashaal
Run with	La carar
Go with	is raaca

Wada = together	**Wada + Verb**
Play togather	Wada cayaara
Talk togather	Wada sheekaysta
Enjoy togather	Wada baashaala
Talk togather	Wada hadla
Work togather	Wada shaqeeya
Live togather	Wada noolaada
Study togather	Wada akhrista

Ha = Do not	**Ha + Verb**
Do not touch	Ha taaban
Do not see	Ha arkin
Do not listen	Ha maqlin
Do not run	Ha cararin
Do not sleep	Ha seexan
Do not sit-down	Ha fadhiisan
Do not talk to	Ha la hadlin
Do not live with	Ha la noolaanin
Do not let go	Ha sii deyn
Do not dislike	Ha nicin

Like	**Sida**
Like this	Sidan
Like that	Sidaas
Like me	Sidayda
Like you	Sidaada
Like him	Sidiisa
Like her	Sideeda
Like them	Sidoda
Like you (plural)	Sidiinaas
Like us	Sideenaa or Sidanada
Write like this	Sidan u qor

Work like that	Sidaas u shaqee
Tell him like that	Sidaa ugu sheeg
Do like this	Sidan dheh
Do like that	Sidaas dheh
Read like this	Sidan u akhri

Waa in'aan = have to

I have to talk to mom.	Waa in'aan lahadlaa hooyo.
I have to work.	Waa in'aan shaqeeya.
I have to go out tonight.	Waa in'aan baxaa caawa.
I have to move from here.	Waa in'aan halkan ka guuro.
I have to exercise.	Waa in'aan jimicsi sameeyaa.

I have to play basketball tonight. Waa in'aan kubada kolyga cayaara cawo.

Greeting   Salaan

Good morning.	Subax wanaagsan.
Good afternoon.	Galab wanaagsan.
Good evening.	Fiid wanaagsan.
Good night.	Habeen wanaagsan.
Goodbye.	Nabad galyo.
See you later.	Isargti dambe.
Excuse me.	Raali iga ahoow.
Please.	Fadlan.
Thank you.	Mahadsanid.
Enjoy.	Raaxayso. (Ha ku macaanaato)
Enjoy.	Baashaal.
Good to see you.	Is arag wanaagasan.
See you later.	Is arag danbe oo wanaagasan.
You are beautiful.	Waad qurux badan tahay.
You are pretty.	Waad qurux badan tahay.
You are handsome (male)	Waad qurux badan tahay (raga)

Restaurants   Maqaaxiyaha

Common Words for Restaurants.

Water	Biyo
Juice	Cabitaan
Beverage	Cabitaan
Flat bread	Canjeero or kibis or laxoox
Bread	Rooti (Furin)
Meat	Hilib
Breakfast	Quraac
Lunch	Qado
Dinner	Casho

Waiter = Adeege

How many people you are?   Imisa qof baad tihiin.
We are three people.   Waxaan nahay sadex qof.
I have a table for three people. Waxaan hayaa miis sadex qof qaada.
What do you want to order? Maxaad rabtaan in aad dalbataan?
What do you like to eat?   Maxaad jeceshahay in aad cuntid?
We have spagatti and meat. Waxaan haynaa baasto iyo hilib.
What else do you have?   Maxaad kale ood haysaa?
We have well-cooked stew meat and flat bread.
Waxaan hayna suukhaar iyo canjeero si fiican loo kariyay.
How about drinks?   Kawaran xaga sharaabka.
What kind of drink you have? Sharaab nooce ah ayaad haysaan?
We have orange juice and mango. Wxaan haynaa liin iyo canbe.
I want water.   Anigu waxaan rabaa biyo.
Do you want coffee?   Adigu ma rabtaa bun?

No, He wants rice.	Maya, Asagu waxuu rabaa baris.
She wants meat.	Ayaduu waxay rabtaa hilib.
They want vegetable.	Ayagu waxay rabaan khudaar.
You (pl) want flat bread.	Idinku waxaad rabtaan canjeero ama laxoox.
We want soup.	Anagu wxaan rabnaa maraq.
Oh, I don't like soup	Alla anigu ma jeceli maraqa.

Hotel **Hooy kiro ah**

Do you have a room for rent?Ma haysaa qol kira ah?
Yes, we have one room with large bed.
Haa, waxaan haynaa hal qol oo sariir wayn taalo.
Do you have a bed and breakfast deal?
Miyaad haysaa sariir iyo quraac wada socda?

Yes, they go togather.	Haa, way wada socdaan.
No, do not include breakfast.	Maya, quraacdu ku ma jirto.
How much is the rent of the room?	Waa imisa qolka kiradiisa?
It is hundred dollars a night.	Waa boqol dollar habeenkiiba.
It is expensive.	Waa qaali.

Do you have a room for cheaper price? Ma haysaa qol jaban.
Yes, I do have smaller room for eighty dollars.
Haa, waxaan hayaa qol yar oo sideetan dollar ah.

Ok, I will take it.	Haye, waan qaadanyaa.

Home **Guri**

Room	Qol
Upstairs room	Qolka sare
Downstairs room	Qolka hoose
Bedroom	Qolka jiifka
Living room	Qolka fadhiga
The room is hot.	Qolku waa kulayl
Put on the light.	Iftiinka shid/Daar ama nalka
shid/Daar	

Put off the light.	Iftiinka dami/nalka dami.
Turn on the TV.	Fogaalaraga shid.
Turn off the TV.	Fogaalaraga dami.
Turn up the music.	Kor u qaad musiga.
Turn down the music.	Hoos u dhig musiga.
Vocabulary	Erayo
Small room	Qol yar
Large room	Qol weeyn
Kitchen	Madbakh
Kitchen	Jiko
Toilet	Musqul
Cabinet	Kabadh
Storage room	Qolka kaydka

Kitchen	**Chiko**
Dish	Saxan
Spoon	Qaado/Malqacd
Fork	Fargeeto
Cup	Koob
Pan	Daawe
Pot	Dhari/Digsi
Cook	kari

My mother cooks rice everyday.
Hoyaday waxay karisaa bariis maalinkasta.
How my mother cooks the rice?
Siday hoyaday u karisaa bariska?
Firstlty, my mother boils water in a pot.
Marka u horaysa hoyaday waxay biyo ku kulaylisaa dhariga.
Secondly, she puts the rice in the boiling water.
Marka labaad, ayadu bariska ayay ku ridaa biyihii karkarayay.
Thirdly, she waits 35 minutes for the rice to cook.
Marka sadexaad, waxay sugtaa 35 daqiiqadood si uu bariisku u bislaado.
Finally, the rice was cooked.

Ugu dambeentii, bariiskii wuu bislaaday.
My mother called her children to eat the dinner.
Hoyaday waxay u yeedhay caruurteeda si ay cunanaan cashada.
she gave each child a slice of pizza.
Caruurtii waxay midkasta siisay jeex pizza ah.

.

Food	Cunto
Rice	Bariis
Spagette	Baasto
Bread	Rooti
Borage	Shurbad
Flat bread	Canjeero

Weather	Cimilo
Weather forcast	Saadaash hawada
Hot	Kulayl
Cold	Qaboow
Foggy	Ceeryaan
Smoky	Qiiq
Mist	Dhado
Dew	Sayax (Dharab)
Lovely a day	Maalin fiican
Suuny day	Maalin qoraxeed
Cloud	Daruur
Snow	Baraf ka da'a
Ice	Baraf
Slippery	Simbririxo
Mud	Dhoobo
Rainy	Roob roob
Flood	Daad

Questions and answers.   **Suaalo iyo Jawaabo.**

Where are you from?	Xageed ka timid?
I am from Somalia. (Country)	Anigu Waxaan ka imid Somalia.
Or	Ama
Where are you from?	Xageed ka timid?
I am Somalian. (Nationality)	Anigu Waxaan ahay Somalia.
Or	Ama
Where are you from?	Xageed ka timid?
I am from Texas. (State)	Anigu Waxaan ka imid Texas.
Or	Ama
Where are you from?	Xageed ka timid?
I am from Indiana (State)	Anigu Waxaan ka imid Indiana.
Or	Ama
Where are you from?	Xageed ka timid?
I am from Texas (City)	Anigu Waxaan ka imid Toronto.
Or	Ama
Where are you from?	Xageed ka timid?
I am from Somalia.	Anigu waxaan ka imid Somalia.
How are you?	Iska waran?
I am fine, thanks and you?	Anigu waan fiicanahay,
mahadsanid, adiguna?	

Or you can answer in short way. Ama si gaaban ayaad uga jawaabi kartaa.

How are you?	Iska waran?
Pretty good.	Waan fiicanahay.
Or	Ama
How are you?	Iska waran?
Very good.	Aad baan u fiicanahay.
Or	Ama
How are you?	Iska waran?
Not bad.	Ma xumo.
Or	Ama
How are you?	Iska waran?
Not good.	Ma fiicno.

Other common ways of greetings are:

Hey how is it going?	Sey wax u socdaan (xaaladaada)
Good.	Fiican.
Hey how is it going?	Sey wax u socdaan (xaaladaada)
Very good.	Aad baan u fiicanahay.
Hey how is it going?	Sey wax u socdaan (xaaladaada)
Not so bad.	Aad uma xumo.
Or	Ama
What is up? Or What up?	Maxaa jira.
Nothing.	Waxba.
Or	Ama
What is up? Or What up?	Maxaa Jira?
Nothing much.	Wax badan majiraan.
Hey, what is going on?	Maxaa socoda?
Nothing.	Waxba.
Or	Ama
What is happening?	Maxaa isku dhacaya?
Nothing.	Waxba.
How to ask someone's job?	Sida loo weydiyo qofka
shaqadiisa?	
What is your job?	Maxaad ka shaqaysaa?
I am a teacher.	Waxaan ahay Macalin.
What do you do for living?	Maxaad qabataa ood ku
nooshahay?	
I work for Amazone.	Anigu waxaan u shaqeeyaa
Amazone.	
I work at the Hospital.	Anigu waxaan ka shaqeeyaa
Isbitaalka.	
What are you doing?	Maxaad samaynaysaa?
I am watching TV.	Anigu waxaan daawanhayaa TV.
What is your hobby?	Maxaad jeceshay in aad mar
walba samaysid.	
I like basketball.	Waxaan jecelahay kubada
kolayga.	

What do you do for fun?	Maxaad isku mudadaalisa?
I go out with my friends.	Anigu waxaan israacnaa
saaxiibaday.	
Where did you go to school?	Xageed skuulka ka dhigatay?
I went to school in Texas.	Waxaan skuulka ka dhigtay
Texas.	

Part of the body	**Qaybaha idhka**
Head	Madax
Face	Waji
Eye	iL
Eyes	Indho
Nose	San
Mouth	AF
Lip	Bishin
Lips	Bishimo
Ear	Dhag
Ears	Dhago
ILig	Teeth
Ilko	Tooth
Neck	Luqun
Shoulder	Garab
Shoulders	Garbo
Chest	Laab
Hand	Gacan
Hands	Gacmo
Finger	Far
Fingers	Faro
Stomach	Calool
Leg	Lug
Legs	Lugo
Sick	Xanuun/jiro
Ill	Xanuun/jiro
Pain	Xanuun

Ache	Xanuun
Headache	Madax xanuun
Stomachache	Calool xanuun
Back pain	Dhabar xanuun
Toothache	Ilka xanuun
Broken bone	Laf jabtay
Broken leg	Lug jabtay
I am sick	Anigu waan jiranahay/Anigu waan xanuunsanahay
Doctor	Dhakhtar
Hospital	Isbital
Nurse	Kalkaaliye Dhakhtar
Adminstration	Maamul
Reception	Soodhaweeyn
Worker	Shaqaale

Court — Maxkamad

Courts	Maxkamado
Lawyer	Qareen
Detective	Dacwad baadhe
Prosecutor	Dacwad ooge/ xeer ilaaliye
Court day	Malinta maxkamada
Judge	Garsoore
Guilty	Dambiile
Not Guilty	dambiile ma aha
Prison	Xabis
Jail	Xabis

CHAPTER THREE

BASIC GRAMMAR

The secret of learning the Somali language is to understand how the verb to be or describers' changes with pronouns and other subjects.
Learn the important Somali language describers and modifiers that do not have exact meaning but contributes to build sentences structure and formation of questions.
In Somali language grammar, pronouns can be ignored, and describers are used instead of pronouns.
Right now, do not worry about these describers; you will see them in the practice of learning phrases and sentences.

These describers are frequently used in Somali

Waan	Waxaan	Baan	Ayaan
Waad	Waxaad	Baad	Ayaad
Wuu	Waxuu	Buu	Ayuu
Way	Waxay	Bay	Ayay
Way	Waxay	Bay	Ayay
Waad	Waxaad	Baad	Ayaad
Waan	Waxaan	Baan	Ayaan

These describers are used for questions.

Miyaan	Maxaan
Miyaad	Maxaad
Miyuu	Maxuu
Miyay	Maxay
Miyay	Maxay
Miyaad	Maxaad
Miyaan	Maxaan

This section will focus on basic grammer and how to form sentences.

NOUN MAGACYO
Name of person   **Magaca qofka**

Example: Abdirisaaq, Kinsi, Mohamed, Salaado

Hey, you	Waryaa
Hey, you, what is your name?	Waryaa Magacaa?
My name is Mohamed.	Magacaygu waa Moxamed.
Brother, what is your name?	Abowe magacaa?
My name is Ali.	Magacayguu waa Cali.
Sister, what is your name?	Abaayo Magacaa?
My name is Amina.	Magacaygu waa Amina.
Or	Ama
Brother, what is your name?	Wallaale magacaa?
My name is Ali.	Magacayguu waa ali.
Sister, what is your name?	Wallaalay magacaa?
My name is Farxiya.	Magacayguu waa Farxiya.

In short you can say:

What is your name?	Magacaa?
Mohamed.	Mohamed.

Names	**Magacyo**
Cow	Sac
Ox	Dibi
Lamp	Tariig
Goats	Riyo
Grass	Caws
Milk	Caano
Animal	Xoolo
Miis	Table

Name of place	Magaca deegaanada
Country	Wadan
City	Magaalo
Capital city	Magaalo madax (Casimad)
Capital city	Casimad
Village	Tuulo
Farm	Beer
Mountain	Buur
River	Wabi
Sea	Bad
Rural	Baadiye
Rural	Miyi
Range	Seero

Example	Tusaale
Where were you born?	Xageed ku dhalatay?
I was born in Canada.	Waxaan ku dhashay Canada.
Which city do you live?	Magaaladeed ku nooshahay?
I live in Toronto.	Waxaan ku noolahay Toronto.

Name of things	Magaca alaabta
Dish	Saxan
Pot	Dhari
House	Guri
Room	Qol
Table	Miis
Chair	Kursi
Bed	Sariir
Mattress	Furaash
Pillow	Barkin
Wall	Darbi (Gidaar)
Window	Darishad

Door	Albaab
Door	Irid
Shoes	Kabo
Pant	Surwaal
Shirt	Shaadh
Tea	Shaah
Coffee	BUN
Cup	Koob
Book	Buug
Bag	Borso

Example:	**Tusaale:**
Open the door.	Albaabka fur.
Sit down on this chair.	Kursigan ku fadhiiso.
Give me water.	Biyo isii.
Put on your shoes.	Kabahaaga hidho (gasho).
Tie your shoestring.	Kabahaada xadhigooda xidh.
I bought this pant.	Surwaalkan baan soo ibsaday.

Names and relation   **Magacyada iyo**
Iskuxidhnaanshaha

Father	Aabo
Mother	Hooyo
Grandfather	Awoowe
Grand Mother	Ayeeyo (Macooyo)
Aunt (Father's sister)	Eedo
Aunt (Mother's sister)	Haberyar
Uncle (Mother's brother)	Abti
Uncle (Father's brother)	Adeer
Uncle's Daughter or Son	Ina Abti
Aunt's Daughter or Son	Ina EEdo
Aunt's daughter or Son	Ina Habreed
Uncle's Daughter or Son	Ina Adeer

Marriage	Guur/maher
Husband	Ninkaygii
Wife	Xaaskaygii
This is my husband.	Kan waa ninkaygii
This is my wife.	Tan waa xaaskaygii.
Son	Wiilkaygii
Daughter	Gabadhaydii
Son	Inankaygii
Daughter	Inantaydii
This is my son.	Kan waa wiilkaygii.
This is my daughter.	Tan waa gabadhaydii.
Or	Ama
This is my son.	Kan waa inankaygii.
This is my daughter.	Tan waa inantaydii.

Questions and Answers
Suaalo iyo Jawaabo

Is your father here?	Aabahaa ma joogaa?
Yes, he is here.	Haa wuu joogaa.
Can you call him for me?	Ma iguyeedh kartaa?
No	Maya
Why can't you call him for me?	Maxaad igu yeedhi wayday?
My dad is praying.	Aabahay wuu tukanayaa.
Is your mother at home?	Hooyadaa guriga ma joogtaa?
Yes, my mom is home.	Haa, hooyaday way joogtaa.
What is your mother doing?	Hooyada maxay suubinaysa?
She is cooking dinner.	Casho ayay karinaysaa.
Can you call her for me?	Ma iguyeedh kartaa?
No	Maya
Why can't you call her for me?	Maxaad ugu yeedhi wayday?
She is busy.	Weey hawlantahay.
Okay	Waayahay
Say Hi for me.	Igu salaan
I will see her tomorrow.	Bari baan ayada arkidoona.

PRONOUN	MAGAC UYAAL
I	Aniga
You	Adiga
He	Asaga
She	Ayada
They	Ayaga
You (Plural)	Idinka
We	Anaga

Pronouns stand instead of names.
Magac Uyaalku waxuu u taaganyaha magacyo.
When the letter A changes to letter U, the pronoun with the verb to be starts to form.

PRONOUN		and	VERB TO BE	
Magac Uyaal		iyo	Fal Ahanshaha	
I	Aniga		I am	Anigu
You	Adiga		You are	Adigu
He	Asaga		He is	Asagu
She	Ayada		She is	Ayadu
They	Ayaga		They are	Ayagu
You	Idinka		You are	Idinku
We	Anaga		We are	Anagu

Pronoun + Verb to be + noun

Anigu waxaan ahay Abdirizack.
Adigu waxaa tahay Ali.
Ayadu waxay tahay Amina.
Asagu waxuu yahay Jamac.
Ayagu waxay yihiin Ali iyo Amino.
Idinku waxaa tihiin Yusuf, ali iyo Jamac.
Anagu waxaan nahay Amina, Ahmed iyo Yusuf.

Let us use these pronouns and verb to be in sentences.

Pronoun + Verb to be + noun

I am a teacher.
Anigu waxaan ahay macalin.
You are an author.
Adigu waxaad tahay qoraa.
He is a leader.
Asagu waxuu yahay hogaamiye.
She is a president.
Ayadu waxay tahay madax weyne.
They are researchers.
Ayagu waxay yihiin tijabiyayaal.
You are doctors. (plural)
Idinku waxaad tihiin dhakhatiir.
We are mountain climbers.
Anagu waxaan nahay buurofuul.

Again, let us make short sentences using describers and ignoring the pronouns.

Example	Tusaale
	Verb to be + Noun
I am a teacher.	Waxaan ahay macalin.
You are student.	Waxaad tahay arday.
He is a nurse.	Waxuu yahay kalkaaliye
caafimaad.	
She is a lawyer.	Waxay tahay sharci yaqaan.
They are soldiers.	Waxay yihiin askar.
You (pl) are cleaners.	Waxaad tihiin nadiifiyaal.
We are councelors.	Waxaan nahay la taliyayaal.

Possessive Pronouns   Magac u yaalka Lahaanshaha

In Somali language, the bolded letters at end of words and sentences below here are indicating the possessive pronouns.

I	Aniga
My	kay**ga**
Mine	Kay**gii**
You	Adiga
Your	kaa**ga**
Yours	Kaa**gii**
She	Ayada
Her	kee**da**
Hers	Kee**dii**
He	Asaga
His	Kiisa
His	kii**sii**
They	Ayaga
Their	Koo**da**
Theirs	koo**dii**
We	Anaga
Our	Kana**ga**
Ours	Kana**gii**

Example   Tusaale

This is my book.	Kan waa buug**aygii.**
This is your pen.	Kan waa qalin**kaadii.**
This is her car.	Kan waa gaadhi**geedii.**
That is his key.	Kaas waa furi**hiisii.**
That is their horse.	Kaas waa faras**koodii.**
This is our house.	Kan waa guri**ganagii.**

Learn how the noun describes the possessive pronoun.

My book.	Waa buug**aygii.**
Your pen.	Waa qalin**kaadii.**
Her car.	Waa gaadhi**geeii.**
His key.	Waa furi**hiisii.**
Their horse.	Waa faras**koodii.**
Our house.	Waa guri**gayagii.**

You can use possessive pronouns in short forms.
For example: learn this question and answer.

Whose book is this?	Buugan yaa leh?
This is my book.	Kani waa buug**aygii.**
Whose book is this?	Buugan yaa leh?
This is your book.	Kani waa buug**aagii**
Whose book is this?	Buugan yaa leh?
This is his book.	Kani waa buug**iisii.**
Whose book is this?	Buugan yaa leh?
This is her book.	Kani waa buug**eedii.**
Whose book is this?	Buugan yaa leh?
This is their book.	Kani waa buug**oodii.**
Whose book is this?	Kani waa buug**anagii.**

Mine	Kay**gii**
Yours	Kaa**gii**
His	Kii**sii**
Hers	Kee**dii**
Theirs	Koo**gii**
Yours (pl)	Kii**nii**
Ours	Kaa**nagii**

These describers make questions.

MIYAAN	MIYAAD	MIYUU	MIYAY
MIYAY	MIYAAD	MIYAAN	

Example   **Tusaale**

Am I tall?	Miyaan dheerahay?
Are you tall?	Miyaad dheertahay?
Is he tall?	Miyuu dheeryahay?
Is she tall?	Miyay dheertahay?
Are they tall?	Miyay dheeryihiin?
Are you (pl) tall?	Miyaad dheertihiin?
Are we tall?	Miyaan dheernahay?

These describers are important in Somali language. You will see them in long and short sentences. Describers are also used for questions and answers.

Example:

MAXAAN	MAXAAD	MAXUU	MAXAY
MAXAY	MAXAAd	MAXAAN.	
WAXAAN	WAXAAD	WAXUU	WAXAY
WAXAY	WAXAAD	WAXAAN.	

MIYAAN	MIYUU	MIYAAD	MIYAY
MIYAY	MIYAAD	MIYAAN	

Adverb = Fal Cadeeye

Adverb modifies or qualifies verb, adjective or other adverbs.
Fal Cadeeye: waxuu badalaa ama cadeeyaa macanaha verbka
(falgalka)
In Somali language adverb uses describers such as:

BAAN	BAAD	BUU	BAY	BAY
BAAD	BAAN			

Adverb	Fal cadeeye
Adverb of time	Fal cadeeye wakhti
Adverb of place	Fal cadeeye meel
Adverb of manner	Fal cadeeye dabci
Adverb of degree	Fal cadeeye quwad
Adverb of time	Fal cadeeye wakhti
I will let you know **later**.	**Hadhow** baan ku sheegayaa.
I was in Toronto **since 1990**.	Waxaan joogay Toronto **ilaa 1990**.
I visit my doctor **every week**.	Dhakhtarkayga waxaan booqdaa **todobaad walba**.

Adverb of place	Fal cadeeye meel
Example:	**Tusaale:**
I put the keys **here**.	Furayaashii **halkan** baan dhigay.
She put the keys **there**.	Furayaashii **halkaas** bay dhigtay.
The boys play in the **field**.	Wiilashu waxay ku cayaareen **garoonka**.
Everywhere	Meel kasta
Everywhere is fine with me.	Meel kasta way ila fiicantahay.
Nowhere	Meelnaba
Anywhere	Meel kasta

In Somali language, the adverb comes before the verb with describers.

I am running **fast**.	Anigu **aad Baan** u ordayaa.
You are running **fast**.	Adigu **aad baad** u ordaysaa.
He is running **fast**.	Asagu **aad buu** u ordayaa.
She is running **fast**.	Ayadu **aad bay** u ordayasaa.
They are running **fast**.	Ayagu **aad bay** u ordayaan.
You are running **fast**. (Plural)	Idinku **aad baad** u ordaysaan.
We are running **fast**.	Anagu **aad Baan** u ordaynaa.

Now let us ignore the pronoun and use the describers.

Example:	**Tusaale:**
I am running **fast**.	**Aad Baan** u ordayaa.
You are running **fast**.	**Aad baad** u ordaysaa.
He is running **fast**.	**Aad buu** u ordayaa.
She is running **fast**.	**Aad bay** u ordayasaa.
They are running **fast**.	**Aad bay** u ordayaan.
You are running **fast**. (Plural).	**Aad baad** u ordaysaan.
We are running **fast**.	**Aad Baan** u ordaynaa.

Adjective	**Magac Cadeeye**
Adjectives describe nouns	

Descriptive words;	**Erayo cadeenaya magaca**

Example	**Tusaale**
Tall	Dheer
Is Ahmed tall?	Miyu Ahmed dheeryahay?
Yes, Ahmed is tall.	Ha, Ahmed wuu dheeryahay.
No, Ahmed is not tall.	Maya, Ahmed ma dheero.
Short	Gaaban

Is Sara short?	Sara miyay gaabantahay?
Yes, Sara is short.	Ha, Sara way gaabantahay.
No, Sara is not short.	Maya, Sara ma gaabno.
Fat	Buuran
Skinny	Caato
That girl is fat.	Gabadhaas way buurantahay.
Am I fat?	Anigu miyaan buuranahy?
Yes, you are a little bit fat.	Ha, xoogaa yar baad
buurantahay.	
No, you are not fat.	Maya, ma buurid.
You are skinny.	Adigu caataad tahay.
That boy is skinny.	Wiilkaas waa caato.
Shy	Xishood
Honest	Daacad
This girl is shy.	Gabadhan way xishoota.
This boy is honest.	Wiilkan waa daacad.
This man isn't honest.	Ninkan daacad ma aha.

Colors   Midabada

Black	Madow
White	Cadaan
Green	Cagaar
Red	Guduud (Casaan)
Yellow	Huruud
Blue	Buluug
Brown	Buni

Example   Tusaale

The Somali flag is blue.   Calanka Somalidu waa bluug.
The Black people's eye color is brown. Indhaha dadka madow
midabkoodu waa Buni.
This woman is white.   Naagtan waa cadaan.

No, this woman is mixed.	Maya, naagtan waa isku dhex jir.
These people are Black.	Dadkan waa madow.
No, these people are not all Black.	Maya, dadkan oo dhan madow ma ah.
Some are black.	Qaar baa madow ah.
This tree is green.	Geedkan waa cagaar.
The grass is green.	Cawsku waa cagaar.
The grass is not green.	Cawsku cagaar ma aha.
The grass is dry.	Cawsku wuu qalalanyahay.
Can you water the grass?	Cawska ma waraabin karta.
Yes, I can water the grass.	Haa, Cawska waan waraabin karaa.
No, I can not water the grass.	Maya, cawska ma waraabin karo.
There is no water	Halkan biyo mayaalaan.
I want water.	Anigu waxaan rabaa biyo.
Do you want coffee?	Adigu ma rabtaa bun?
No, He wants rice.	Maya, Asagu waxuu rabaa baris.
She wants meat.	Ayaduu waxay rabtaa hilib.
They want vegetable.	Ayagu waxay rabaan khudaar.
You (pl) want flat bread.	Idinku waxaad rabtaan canjeero ama laxoox.
We want soup.	Anagu wxaan rabnaa maraq.
Oh, I do not like soup	Alla anigu ma jeceli maraqa.

These describers do not have direct meaning but supports verbs, pronouns, and nouns. You will learn them in sentences and questions.

Now we are using the pattern of the Somali language describers.

Waan	Waxaan	Ayaan
Waad	Waxaad	Ayaad
Wuu	Waxuu	Ayuu
Way	Waxay	Ayay
Way	Waxay	AYAY
Waad	WAXAAD	AYAAD
Waanu	WAXAAN	AYAAN

Now lets us use the pronoun, describer, and the verb.

I am walking.	Anigu waan soconayaa.
You are walking.	Adigu waad soconaysaa.
He is walking.	Isagu wuu soconayaa.
She is walking.	Ayadu way soconaysaa.
They are walking.	Ayagu way soconayaan.
You are walking. (plural)	Idinku waad soconaysaan.
We are walking.	Anagu waan soconaynaa.

Now the Somali pronouns are ignored in these short sentences.

I like.	Waan jeclahay.
You like.	Waad jeceshahay.
He likes.	Wuu jecelyahay.
She likes.	Way jeceshahay.
They like.	Way jecelyihiin.
You (pl) like.	Waad jeceshihiin.

We like.   Waan jecelnahay.

The above-mentioned phrases such as **waan jeclahay** can mean I like a person, thing, or a place.

Example   **Tusaale**

I like your hair cut.

Anigu waan jeclahay sida aad timaha u jaratay. With pronoun "Aniga"

I like your shirt.

Waan jeclahay shaatigaada.   Without pronoun "Aniga"

You like theater.

Adigu Waad jeceshahay riwaayada. With pronoun "Adigu"

You like her hair color.

Waad jeceshahay midabka timaheeda.   Without the pronoun

She likes Ali.   Ayadu waxay jeceshahay Ali.

She likes Ali's shoe.   Waxay jeceshahayAlikabihiisa.

Without the pronoun

They like games.   Ayagu Waxay jecelyahiin

ciyaaraha.

They like ice cream.   Waxay jecelyahiin jalaatada.

Without the pronoun

You (plural) like talking.   Idinku waxaad jaceshihiin

hadalka.

You (plural) like food.   Waxaad jaceshihiin cuntada.

Without the pronoun

We like writing.   Anagu waxaan jecelnahay

qoraalka.

We like reading.   Waxaan jecelnahay akhriska-

Without the pronoun

I am playing.   Anigu waan cayaarayaa.

You are playing.   Adigu waad cayaaraysaa.

He is playing.   Asagu wuu cayaarayaa.

She is playing.   Ayadu way cayaaraysaa.

They are playing.	Ayagu way cayaarayaan.
You (plural) are playing.	Idinku waad cayaaraysaan.
We are playing.	Anagu waan cayaaraynaa
Play	Ciyaar

Learn how these sentences formed in the Somali language.

Pronoun	Describer	Verb
Anigu	Waan	ciyaarayaa
Adigu	Waad	ciyaaraysaa
Asagu	Wuu	ciyaarayaa
Ayadu	Way	ciyaaraysaa
Ayagu	way	ciyaarayaan
Idinku	waad	ciyaaraysaan
Anagu	waan	ciyaaraynaa

Example: Use of the Pronoun, describer and the Verb.

Example1: Walk = Soco

I am walking.	Anigu waan soconayaa.
You are walking.	Adigu waad soconaysaa.
He is walking.	Asagu wuu socanayaa.
She is walking.	Ayadu way soconaysaa.

They are walking.	Ayagu weey soconayaan.
We are walking.	Anagu waan soconaynaa.

Pronoun	Describer	Verb
Anigu	waan	soconaya
Adigu	waad	soconaysa
Ayadu	way	soconaysa
Asagu	wuu	soconaya
Ayagu	way	soconayaan
idinku	waad	soconaysaan
Anagu	Waan	Soconaynaa

Example 2: Run = Orad

I am running.	Anigu waan ordayaa.
You are running.	Adigu waad ordaysaa.
He is running.	Asagu wuu ordayaa.
She is running.	Ayadu way ordaysaa.
They are running.	Ayagu weey ordayaan.
You (Pl) are running.	Idinku waad ordaysaan.
We are running.	Anagu waan ordaynaa.

Pronoun	Describer	Verb
Anigu	Waan	Ordayaa
Adigu	Waad	Ordaysa
Asagu	Wuu	Ordayaa
Ayadu	Way	Ordaysa
Ayagu	Way	Ordayaan
Idinku	waad	Ordaysaan
Anagu	waan	Ordaynaa

Example 3: Talk = Hadal

I am talking.	Anigu waan hadlayaa.
You are talking.	Adigu waad hadlaysaa.
He is talking.	Asagu wuu hadlayaa.
She is talking.	Ayadu weey hadlaysaa.
They are talking.	Ayagu weey hadlayaan
You (Pl) are talking.	Idinku waad hadlaysaan.
We are talking.	Anagu waan hadlaynaa.

Pronouns	Describers	Verb
Anigu	waan	hadalayaa
Adigu	waad	hadalaysaa
Asagu	Wuu	hadalayaa
Ayadu	way	hadalaysaa
Ayagu	way	hadalayaan
Idinku	waad	hadalaysaan
Anagu	Waan	hadalaynaa

Example 4: Eat = Cun

I am eating.	Anigu waan cunayaa.
You are eating.	Adigu waad cunaysaa.
He is eating.	Asagu wuu cunayaa.
She is eating.	Ayadu weey cunaysaa.
They are eating.	Ayagu weey cunayaan.
You (pl) are eating.	Idinku waad cunaysaan.
We are eating.	Anagu waan cunaynaa.

Pronoun	Describer	Verb
Anigu	waan	cunayaa
Adigu	waad	cunaysaa
Asagu	wuu	cunayaa
Ayadu	way	cunaysaa
Ayagu	way	cunayaan
Idinku	waad	cunaysaan
Anagu	waan	cunaynaa

Learn the similarities of few describers and how they change with Pronouns.

Example:
Pronouns "I" and "WE" shares the same describer which is **"Waan"**

I am	Anigu
We are	Anagu

These two pronouns share the same describers.
Example "Waan"

I am singing.	Anigu **waan** heesayaa.
We are singing.	Anagu **waan** heesaynaa.

Pronoun	Describer	Verb
Anigu	**waan**	heesayaa
Anagu	**waan**	heesaynaa

Again, these two pronouns share same describer. **"Waad"**

You are	Adigu
You (plural) are	Idinku
You are singing.	Adigu waad heesaysaa.
You are singing.	Idinku waad heesaysaan.

Adigu	waad	heesaysaa
Idinku	waad	heesaysaan

Pronouns "She" and "WE" also shares same describers.
Which is **"Way"**

She is	Ayadu
They are	Ayagu

She is singing.	Ayadu way heesaysaa
They are singing.	Ayagu way heesayaan.

Ayadu	way	heesaysaa
Ayagu	way	heesayaan

The 'He" pronoun doesn't share the **"Wuu"** describer with any other pronoun.

He	Asaga
He is	Asagu
He is singing.	Asagu wuu heesayaa.

Pronoun	Describer	Verb
Asagu	wuu	heesayaa

Practice how to put pronouns, describers and verb together using frequently used verbs.
Hear = maqal
Fill the describers, verb and the 3rd missing pronoun

Pronoun	Describer	Verb
Anigu		
Adigu		
Asagu		
Ayagu		
Idinku		
Anagu		

Sleep = Seexo
Fill the describers, verb and the 3rd missing

Pronoun	Describer	Verb
Anigu		
Adigu		
Ayaagu		
Idinku		
Anagu		

Clean = Nadiifi
Fill the table using the word Nadiifi

Pronoun	Describer	Verb

Learn describers in question and answer.

Example: Tusaale

What   Maxaa (waa maxay)

Forexample, learn how to make questions

What am I?   Maxaan ahay?
What are you?   Maxaad tahay?
What is he?   Muxuu yahay?

What is she?	Maxay tahay?
What are they?	Maxay yihiin?
What are you (pl)?	Maxaad tihiin?
What are we?	Maxaanu nahay?

Describers used to answer the maxaan (what) question.

What am I?	Maxaan ahay?
I am a student.	Anigu waxaan ahay arday.
What are you?	Maxaad tahay?
I am a worker.	Waxaan ahay shaqaale.
What is he?	Muxuu yahay?
He is a teacher.	Asagu waa macalin.
What is she?	Maxay tahay?
She is musician.	Ayadu waa musikisti.
What are they?	Maxay yihiin?
They are leaders.	Ayagu waa hogaamiyaal.
What are we?	Maxaanu nahay?
We are politicians.	Anagu waxaan nahay siyaasiyiin

Example:

What	Maxaa
What I need?	Maxaan doonayaa?
What you need?	Maxaad doonayasaa?
What he needs?	Muxuu doonayaa?
What she needs?	Maxay doonaysaa?
What they need?	Maxay doonayaan?
What you (plural) need?	Maxaad doonaysaan?
What we need?	Maxaan doonaynaa?

Now see how the What (Maxaa) question works with describers or the verb to be without pronouns.

Example	Tusaale
Do	Suubi
What am I doing?	Maxaan subinayaa?
What are you doing?	Maxaad subinaysaa?
What is he doing?	Maxuu subinayaa?
What is she doing?	Maxay subinayaa?
What are they doing?	Maxay subinayaan?
What are you doing?	Maxaad Subinayaan?
What are we doing?	Maxaan subinaynaa?

Describers	Verb
Maxaan	suubinayaa?
Maxaad	suubinaysaa?
Muxuu	suubinyaa?
Maxay	suubinaysaa?
Maxay	suubinayaan?
Maxaad	suubinaysaan?
Maxaan	Suubinaynaa?

How do you answer these questions? Again, you need to study describers for answers.

Use these describers.

WAXAAN	WAXAAD	WAXUU	WAXAY
WAXAY	WAXAAN		

Read	Akhris
I am reading a book.	Anigu waxaan akhrinayaa buug.
You are reading a book.	Adigu waxaad akhrinaysaa buug.
He is reading a book.	Asagu waxuu akhrinayaa buug.
She is reading a book.	Ayadu waxay akhrinaysaa buug.
They are reading a book.	Ayagu waxay akhrinayaan buug.
You are reading a book.	Idinku waxaad akhrinaysaan buug.
We are reading a book.	Anagu waxaan akhrinaynaa buug.

Describers	Verb	Noun
waxaan	akhrinayaa	buug
waxaad	akhrinaysaa	buug
waxuu	akhrinayaa	buug
Waxay	akhrinaysaa	buug
waxay	akhrinayaan	buug
Waxaad	akhrinaysaan	buug
waxaan	akhrinaynaa	buug

The other describers for questioning are:

YAAN	YAAD	YUU	YAY
YAY	YAAD	YAAN	

Example:	**Tusaale:**
Who am I?	Yaan ahay?
Who are you?	Yaad tahay?
Who is he?	Yuu yahay?
Who is she?	Yey tahay?
Who are they?	Yey yihiin?
Who are you (pl)?	Yaad tihiin?
Who are we?	Yaan nahay?

Use the yaan describer in a question.

Example:	Tusaale:
Who did you see?	Yaad araktay?
Who came?	Yaa yimid?
Who left?	Yaa tagay?
Who did you meet?	Yaad la kulantay?
Who is coming?	Yaa soosocda?
Who do you want to see?	Yaad rabtaa in aad aragtid?

GORMA   **WHEN**

How to make questions using the word GORMA = WHEN

Example	Tusaale
When did I come?	Gormaan imid?
When did you come?	Gormaad timid?
When did he come?	Gorm uu yimid?
When did she come?	Gormay timid?
When did they come?	Gormay yimaadeen?
When did you (pl) come?	Gormaad timaadeen?
When did we come?	Gormaynu nimid?

Describers go with the Gorma (when) Goormaan, Goormaad, Gormuu, Goormay, Goormay, Goormaad, Goormaan in sentences.

Example	Tusaale
When did I see you?	Gormaan adiga ku arkay?
When did you talk to them? ayaga?	Gormaad adigu la hadashay
When did he meet them? ayaga?	Gormuu asaga la kulantay

When did she dance?   Goormay ayadu ciyaartay?
When did they find the money? Gormay ayagu lacgta heleen?
When do you go to work?   Gormaad shaqada tagaysaan?
When did we finish the work? Goormaan shaqada damaynay

Check how these describers are used without pronouns.
"Waxaan, Waxaad, Waxuu, Waxay, Waxay,Waxaad,Waxaan"

Example   **Tusaale**

I saw you in the movie last night. Waxaan kugu arkay filimka xalay.
You talk to them this morning. Waxaad la hadashay ayaga saaka.
He met him this afternoon.   Waxuu la kulmay ayaga galabta.
She dances every day.   Waxay ciyaarta malin kasta.
They found the money yesterday. Waxay lacagtii heleen shalay.
You go to work right now.   Waxaad shaqada tagaysaan hadeerto.
We finished the work an hour ago. Waxaan shaqada dhamaynay saacad ka hore

When   **Hadmaad**

Example   **Tusaale**

When did I come?   Hadmaan imid?
When did you come?   Hadmaad timid?
When did he come?   Hadmu yimid?
When did she come?   Hadmay timid?
When did they come?   Hadmay yimaadeen?
When did you (pl) come?   Hadmaad timaadeen?
When did we come?   Hadmaynu nimid?

Learn these vocabularies which appear in answers of when questions.

Today,	Manta
Yesterday,	Shalay
Morning	Saaka (Aroor)
Year	Sanad
Early morning	Saaka arorti
Afternoon	Galabta
Last year	Sanadkii hore

WHEN   **GORMA**

Questions

Example   **Tusaale**

When did I come?	Gormaan imid?
When did you come?	Gormaad timid?
When did he come?	Gormuu yimid?
When did shecome?	Gorm ay timid?
When did they come?	Gorm ay yimaadeen?
When did you come?	Gormaad timaadeen?
When did we come?	Gormaanu nimid?

Answers

I came yesterday.	Waxan imid shalay.
You came this morning.	Waxaad timid saaka.
He came this afternoon.	Waxuu yimid galabta.
She came today.	Waxay timid manta.
They came this year.	Waxay yimaadeen sanadkan.
You (pl) came last year. hore.	Waxaad timaadeen sanadkii
We came early this morning.	Waxaanu nimid saaka arorti

WHERE   XAGEE

How to make questions using the word WHERE = XAGEE

Example   **Tusaale**

Where am I going?	Xageen tagayaa?
Where are you going?	Xagged tagaysaa?
Where is he going?	Xaguu tagayaa?
Where is she going?	Xagay tagaysaa?
Where are they going?	Xagay tagayaan?
Where are you (pl) going?	Xageed tagaysaan?
Where are we going?	Xageen tagaynaa?

WHERE   MEESHEEN

How to make questions using the word WHERE = Meeshee

Example   **Tusaale**

Where am I going?	Meesheen tagayaa?
Where are you going?	Meesheed tagaysaa?
Where is he going?	Meesheebuu tagayaa?
Where is she going?	Meeshay tagaysaa?
Where are they going?	Meeshay tagayaan?
Where are you (pl) going?	Meesheed tagaysaan?
Where are we going?	Meesheen tagaynaa?

Learn nouns that are used to answer the **where** questions.
Baro magacyada ka jawaabaya suaalaha **xagee iyo meeshee.**

House = Guri	Market = Suuqa
Airport = Garonka dayaradaha	School = Skuulka
(Dugsiga)	
College = Jaamacada	Farms = Beeraha

Office = Xafiis	Field = Garoon
Go	Tag
Where are going?	Xageed tagaysaa?

Describer + verb + Noun

I am going to the market.	Waxaan tagayaa suuqa.
You are going to the college.	Waxaad tagaysaa jaamacada.
He is going to the house.	Waxuu tagayaa guriga.
She is going to the airport.	Waxay tagaysaa garonka dayaaradah.
They are going to the farm.	Waxay tagayaan beeraha.
You are (Pl) going to the field.	Waxaad tagaysaan gooroonka.
We are going to the field.	Waxaanu tagaynaa skuulka.

HERE	**XAGAN**
Example	**Tusaale**
I am here.	Xagan yaan joogaa.
You are here.	Xagan yaad joogtaa.
He is here.	Xagan yuu joogaa.
She is here.	Xagan yay joogtaa.
They are here.	Xagan yay joogaan.
You (pl) are here.	Xagan yaad joogtaan.
We are here.	Xagan yaan joognaa.

There	**Xagaas**
Example	**Tusaale**
I am there.	Xagaas yaan joogaa.
You are there.	Xagaas yaad jogaa.
He is there	Xagaas yuu jooga.
She is there.	Xagaas yay joogtaa.
They are there.	Xagaas yay joogaan.

You (pl) are there.	Xagaas yaad joogtaan.
We are there.	Xagaas yaan joognaa

HERE

MEESHAN (XAGAN)

Example

Tusaale

I am here.	Meeshan yaan joogaa.
You are here.	Meeshan yaad joogtaa.
He is here.	Meeshan yuu joogaa
She is here.	Meeshan yay joogtaa.
They are here.	Meeshan yay joogaan.
You (pl) are there.	Meeshan yaad joogtaan.
We are here.	Meeshan yaan joognaa.

THERE

MEESHAAS (XAGAAS)

Example

Tusaale

I am there.	Meeshaas ayaan joogaa.
You are there.	Meeshaas ayaad jogaa.
He is there.	Meeshaas ayuu joogaa.
She is there.	Meeshaas ayay joogtaa.
They are there.	Meeshaas ayay joogaan.
You (pl) are there.	Meeshaas ayaad joogtaan.
We are there.	Meeshaas yaan joognaa.

WHO

KUMA

Learn how this word is used to form questions.

Example	**Tusaale**
Who is he?	Waa Kuma?
Me	Waa aniga
Who are you?	kuma tahayadigu.

I am Hussien.	Anigu waxaan ahay Hussien.
Who is she?	Ayadu waa Farxiya.
Ok wait a minute.	Hayee, wax yar sug.
Who am I?	Kumaan ahay anigu?
I am Ali.	Waxaan ahay Ali.
Who is he?	Kumuu yahay?
Who is she?	Kumay tahay?
Who are they?	Kumay yahiin?
Who are you? (Pl)	kuwama tihiin?
Who are we?	Kuween nahay?

Answers of who questions. Always remember the describer patterns.

I am Ali.	Waxaan ahay Ali.
I am Fuad.	Waxaan ahay Fuad.
Are you faxiya?	Waa Farxiya.
They are guest.	Waa Marti.
We are students.	Waxaan nahay arday.

WHICH   **KEE**

Learn how the word **(which = kee)** form questions using the verb **Want = Rabaa**

Example   **Tusaale**

Which one I want?	Keen rabaa?
Which one you want?	Keed rabtaa?
Which one he wants?	Keebu rabaa?
Which one she wants?	Kay rabtaa?
Which one they want?	Kay rabaan?
Which one you (pl) want?	Keed rabtaan?
Which one we want?	Keen rabnaa?

Use the "Waxaan" describer to make sentences using the word (who = kee).
Isticimaal "Waxaan" si aad udhistid odhaah.

Example   **Tusaale**

I want to play hide and seek.
Anigu waxaan rabaa in aan ciyaaro dhudhumashow (dhumaalaysi)
You want to eat.
Adigu waxaad rabtaa in aad wax cuntid.
He wants to drink water.
Asagu waxuu rabaa in uu biyo cabo.
She wants to go home.
Ayadu waaxay rabataa in ay guriga tagto.
They want to ask questions.
Ayagu waxay rabaan in ay suaalo waydiiyaan.
You (pl) want to sleep soon.
Idinku waxaad rabtaan in aad dhakhso u seextaan.
We want to move from this city.
Anagu waxaan rabanaa in aan ka guuro magaaladan.

The guy   **Kii**
The lady   **Tii**

Kii = is used for unknown or known person (male) or thing.
Tii = is used for unknown or known person (female) or thing.

Example   **Tusaale**

The guy who was here or the man who was here.
Kii halkan joogay ama ninkii halkan joogay.
The lady who was here or the girl who was here.
Tii halkan joogtay ama gabadhii halkan joogtay.
The pen which was on this table.

Qalinkii miiskan saarnaa.
The pillow which was here.
Barkiintii halkan taalay.

| **This** | **Kan** |
| **That** | **Kaas** |

| **Example:** | **Tusaale:** |

I want this.	Waxaan rabaa kan
You want that.	Waxaad rabtaa kaas.
He wants that.	Waxuu rabaa kaas.
She wants this.	Waxay rabtaa kan.
They want that.	Waxay rabaan kaas.
You (pl) want this.	Waxaad rabtaan kan.
We want that.	Waxaan rabnaa kaas.

Learn the singular and the plural form of these demonstrative pronouns.

This	**Kan**
These	**Kuwan**
That	**Kaas**
Those	**Kuwaas**

| **Example:** | **Tusaale:** |
| What is this? | Waa maxay kani? |

This is a pen.	Kani waa qalin ama qore
What is that?	Waa maxay kaasi?
That is a spoon.	Kaas waa qaado.
What is this?	Waa maxay kani?
This is a dish.	Kani waa saxan.

Singular	**Kali**
This	Kan
This pen	Qalin**kan**
This dish	Saxan**kan**
This man	Nin**kan**
This woman	Naag**tan**
This house	Guri**gan**
This room	Qol**kan**

Plural	**Wadar**
These girls	Gabdhahan
These boys	Wiilashan
These men	Nimankan
These Women	Naagahan
These houses	Guryahan
These rooms	Qolalkan

Singular	**Kali**
That	Kaas
That is a tree.	Kaas waa geed.
That is a cup.	Kaas waa koob.
That is a car.	Kaas waa gaadhi.
That is an airplane.	Kaas waa dayuurad.
That is a soldier.	Kaas waa askari.
That is a teacher.	Kaas waa macalin.

In short you can also write or say

That tree	Geedkaas
That cup	Koopkaas
That car	Gaadhigaas
That airplane	Dayaaradaas
That soldier	Askarigaas
That teacher	Macalinkaas

Plural   **Wadar**

Those   **Kuwaas**

Those are trees.	Kuwaas waa geedo.
Those are cups.	Kuwaas waa koobab.
Those are cars.	Kuwaas waa gaadhiyaal.
Those are airplanes.	Kuwaas waa dayaarado.
Those are soldiers.	Kuwaas waa askar.
Those are teachers.	Kuwaas waa macalimiin.

Now let us make few sennteces.

This is a tall man.	Kan waa Nin dheer.
This is a beautiful girl.	Tan waa gabadh quruxbadan.

These   **Kuwan**
Those   **kuwaas**

What are these?	Waa maxay kuwan?
These are pens.	Kuwan waa qalimaan.
What are those?	Waa maxay kuwaas?
Those are spoons.	Kuwaas waa qaadooyin.
What are these?	Waa maxay kuwan?
These are dishs.	Kuwan waa saxuun.
What are those?	Waa maxay kuwaas?
Those are trees.	Kuwaas waa geedo.

Adjectives modify nouns. In Somali language the nouns indicate or modify the adjective.

Example:	Tusaale
Short man	Nin gaaban
Tall man	Nin dheer
Handsome boy	Wiil quruxbadan
Ugly boy	Wiil foolxun
Beautiful girl	Gabadh Qurux badan
Little boy	Wiil yar
Big boy	Wiil wayn
Fat girl	Gabadh buuran
Thin girl	Gabadh duuban
Thin girl	Gabadh caata ah
Good day	Maalin wanaagsan
Good weather	Cimilo wanaagsan
Good weather	Hawo wanaagsan
Hot day	Maalin kuluul
Cold day	Maalin qabow
Bad conduct	Dabeecad xun
Good conduct	Dabeecad fiican

Conversation   **Wada hadal**

Let us use the few words we learned so far.
Vocabularies used in the conversation are:

To = Ku Xageed	From = Ka	where =
Name = Magac	Come = Kaalay	Go = Soco
Office = Xafiis	Meeting = Kulan	

Participate = Ka qayb gal
Resturant = Maqaaxi
Waran = tell --- direct meaning of iska waran is talk about yourself?

Sheeg = tell
The direct meaning of "Maxaad sheegtay" is what can you tell
us. "Maxaad sheegtay" is most commonly used for greeting.
Like how are you?
 For example:

How are you?	Maxaad sheegtay?
How are you?	Iska waran?
Fine	Waa nabad.
How are you?	Maxaad Sheegtay?
Fine	Waa nabad
What is your name?	Adiguu magacaa?
My name is Ahmed.	Aniga magacaygu waa Ahmed.
Where are you from?	Xageed ka timid?
I am from Somalia.	Anigu waxaan ka imid Somalia.
Where you came from?	Xageed ka timid?
I come from the school.	Waxaan ka imid skuulka.
Where are going?	Xageed ku socotaa?
I am going to the office.	Waxaan ku socodaa xafiiska.
Who do you want to meet?	Kumaad rabtaa in aad la kulantid?
I want to see the Clark.	Waxaan rabaa in aan arko karaaniga.

What do you want from the Clark? Maxaad ka rabtaa
karaaniga?
I am participating the meeting. Waxaan ka qayb galayaa
kulanka.
What will you talk about in the meeting?   Maxaad kulanka ka
ga hadli dontaa?
Do you have a pen and a book? Ma haysaa qalin iyo buug?

Yes, I have.	Haa waan hayaa.
What do you do with it?	Maxaad ku falaysaa?

Prepositions

On	Korkiisa (kor)
In	Gudiisa (Gudaha)
Over	Dusha (Dushiisa)
Under	Hoosta (hostiisa)
From	Ka socoda
To	Ku socoda
At	Xaga
Since	ilaa
Between	Dhaxdooda
Beside	Dhinac
Behind	Gadaal
Before	Horay
With	La jira

Let us make sentences using these prepositions.

Example   **Tusaale:**

Libaan is with his mom.
Libaan waxuu la jira hoyadii.
My car is beside the house.
gaadhigaygii waxuu ag yaalaa guriga.
Ali put the pen on the table.
Ali qalinkii waxuu kor dhigay miiska.
There is a watch inside the box.
Sanduukha gudahiisa waxaa ku jira saacad.
The book is under the table.
Boogu waxuu yaalaa miiska hostiisa.
Birds are flying over the tree.
Shimbiraa geedka dushiisa duulaya.
I am driving over the bridge.
Anigu waxaan gadhiga ku wadayaa buundada dusheeda.
He put the orange in the fridge.

Asagu waxuu liin macaantii galiyay qaboojiyaha.
I live in between Dallas and Arlington cities.
Anigu waxaan ku noolahay magaalooyinka Dallas iyo
Arlington dhaxdooda

Conjunction   **Iskuxidhin**

Conjunction connects between words, phrases, and
sentences.

And	Iyo
Or	Mise
Or	Ama
But	Laakiin
Because	Sababtuna
Therefore,	Sida darteed
Since	Illa
So	Markaana
Above	Dusha
Near	Dhawaansho
From	Ka

**Conjunction connects between words, phrases, and
sentences.**

Example   **Tusaale**

And = Iyo
I play basketball **and** soccor.   Anigu waxaan ciyaaraa
kubada kolayga **iyo** kubada cagta.
Fuad **and** Farxaan are brothers.   Fuad **iyo** Farxaan waa
walaalo.

Laakiin = But
Mohamed do not have money, **but** he is happy.
Mohamed lacag mahaysto **Laakiin** waa farxaan.
I am very hungry, but the fridge is empty.
Anigu aad baan u gaajoonayaa, Laakin qaboojiyuhu wuu
madhanyahay.

Sababtuna = because
I did not go swimming **because** it was raining.
Matagin dabaashii **sababtuna** roob baa da'ayay.

So = Marka
It was raining **so** the game was cancelled.
Roob baa da'ayay, marka ciyaartii waa la joojiyay.

After = ka dib
I can pass after the green light is on.
Anigu waan gudbi kara ka dib marka nalka cagaaran la daaro.

Chapter four

TENSES (PRESENT, PAST, FUTURE)   WAKHTIYADA (TAAGAN, TAGAY, SO SOCDA)

The following examples are present tense and past tense, sentences formation.

Present Simple tense	Wakhtiga taagan
Do I work?	Miyaan shaqeeyaa?
Yes, I do work.	Haa, waan shaqeeyaa.
No, I do not work.	Maya, ma shaqeeyo.
Do you work?	Miyaad shaqeeyaa?
Yes, I do work.	Haa, waan shaqeeyaa.
No, I do not work.	Maya, ma shaqeeyo.
Does he work?	Asagu miyuu shaqeeyaa?
Yes, he does works.	Haa, asagu wuu shaqeeyaa.
No, he does not work.	Maya, asagu ma shaqeeyo.
Does she work?	Ayadu miyay shaqeeysaa?
Yes, she does works.	Haa, ayadu way shaqaysaa.
No, she does not work.	Maya, ayadu ma shaqeeyso.
Do they work?	Ayagu miyay shaqeeyaan?
Yes, they do work.	Haa, ayagu way shaqeeyaan.
No, they do not work.	Maya, ayagu ma shaqeeyaan.
Do you work? (plural)	Idinku miyaad shaqaysaan?
Yes, you work. (plural)	Haa, idinku waad shaqaysaan.
No, you do not work. (plural)	Maya, idinku ma shaqaysaan.
Do we work?	Anagu miyaan shaqaynaa?
Yes, we work.	Haa, anagu waan shaqaynaa.
No, we do not work.	Maya, ma shaqayno.
I live in Dallas. Dallas.	Anigu waxaan ku noolahay
I sleep at 10 PM.	Anigu waxaan seexdaa 10 PM.

I wake up at 7 AM.   Anigu waxaan toosaa 7 AM.

The sun rises every morning Qoraxdu subax kasta ayay so baxdaa.

Present continoues tense/Progressive
Wakhtigan taagan oo soconaya

I am walking now.	Anigu hada waan socdaa.
I am drinking tea now.	Anigu hada shah baan cabayaa.
You are sleeping now.	Adigu hada waan hurudaa.
You are sleeping now.	Adigu hada waad jiiftaa.
She is coming to the house.	Ayadu guriga ayay imanaysaa.
They are coming soon.	Ayagu dhakhso ayay u imanayaan.
We are writing a paper.	Anagu warqad baan qoraynaa.
He is writing a book.	Asagu buug buu qorayaa.

Present perfect tense

Wakhtigan taagan iyo kii hore oo wadasocda.

I have learned English for three years.
Anigu waxaan engriiska ku bartay sedex sano.
I have seen that movie.
Anigu filimkaa waan daawaday.
You have walked here one month ago.
Adigu halkan waad ku lugaysay bill ka hor.

She has won the lottery.	Ayadu waxay heshay bakhtiyo nasiib.
She has washed her cloth.	Ayadu dharkeedii bay dhaqatay.
He has sent the letter.	Asagu warqadii wuu diray.
They worked for three years.	Ayagu waxay shaqeeyeen sadex sano.
We have already left.	Anagu waan tagnay.
We have already left.	Anagu waan baxnay.

The plane has arrived.   Dayaaradii way soo dagtay.
The train has left an hour ago.   Baabuur xadiidkii wuu baxay saacad ka hor.
Have you ever visited Somalia.Waligaa Somalia ma booqatay.

Simple past	Wakhtigii tagay
I worked eight hours. seeded saacadood.	Anigu waxaan shaqeeyay
You lost your book. buugaagii.	Adigu waxaad weeyday
He ate dinner.	Asagu wuu casheeyay.
She played soccor. cagta.	Ayadu waxay ciyaartay kubada
They went to school.	Ayagu waxay tageen skuulka.
You (pl) burned the city. magaalad.	idinku waxad gubteen
We visited Dallas.	Anagu waxaan booqanay Dallas.

Past Perfect   **Wakhtigii tagay oo soconaya**

I had been working at school for four years.
Anigu skuulkan waxaan ka shaqeenayay ila afar sano.
I had been waiting for two hours.
Anigu waxaan sugayay ila labo saac.
It had been raining for a week.
Roobku waxuu da'ayay ila hal todoobaad.
They had been exercising since last month.
Kooxdani waxay tababaranaysay ILA bishii hore.
I had been writing the book for the last six months
Anigu booga waxaan qorayay lixdii biilood oo dambaysay.

Future tense

Wakhtiga soo socoda

I will cook dinner.	Anigu waxaan Karin doona casho.
You will talk to her.	Adiga la hadli doona ayada.
He will watch the movie.	Asaga ayaa daawan doona filimka.
She will buy her groceries.	Ayada ayaa soo adeegan doonta.
They will invite their friends.	Ayaga ayaa casuumi doona saaxibadood.
You (pl) will go to the market tomorrow.	Indinku bari baad suuqa tagi doontaan.
We will prepare the report.	Anaga diyaarin doona warbixinta.

Important conversation and phrases.
Erayo mahiim ah iyo wada hadalo.

Social media	Baraha bulshada
Facebook	Fol ka Fol buug
Snapchat	Sul dhabaale arag
Tweeter	Isdabayaac
Follower's	Dabacararayaal

Today, I read a strange story.	Manta waxaan akhriyay sheeko la yaab leh.
Where did you see it?	Xageed ku aragtay?
Where else.	Xagee kale.
In the social media.	Baraha bulshada.
They ask me to share.	Waxay i waydiiyeen in aan qaybio sheekada.
No	Maya
I cannot share that story.	Ma qaybin karo sheekadaas.
That story is rubbish.	Sheekadaas waa qashin.

Do you use the face book?   Miyaad isticmaashaa Fol ka Fol buuga.

Yes, I do use sometimes.   Haa, mar mar baan isticmaalaa.

Tell me about it?   iiga waran?

It is crazy.   Waa waali.

Do you also use the snapchat. Sul dhabaale hadalka miyaad isticmaasha.

Yes, I like that one.   Haa, kaas waan jeclahay.

Because you get all in one snap. Sababtuna, hal sul dhabaale ayaad ku helaysaa.

How about the tweeter?   Ka waran isdaba yaaca?

That I do not like.   Kaas ma jeceli.

Because I get tired of being follower.

Sababtu, waan ku daalay sida aan u daba cararayay.

Your phone is ringing.   Telephonkaagu wuu dhacayaa.

Get the phone.   Telephonka qabo.

Answer the phone.   Telephonka ka jawaab.

Someone calls you.   Qof baa ku soo wacay.

Someone calls you.   Qof baa ku soo garaacay.

Someone calls you.   Qof baa ku la soo hadlay.

Do not answer my phone.   Telephonkayga ha ka jawaabin.

Your mom is calling you on phone. Hooyada baa telephonka kaa soo wacaysa.

Your mom is calling you.   Hoyada baa ku yeedhaysa.

What happen?   Maxaa dhacay?

Nothing   Waxba

What is happening?   Maxaa isku dhacaya?

Today is **Mother's Day**.   Maanta waa maalintii hoyoyinka.

Yes, I am happy and ready for **Mother's Day**. Haa, waan ku faraxsanhay, diyaarna waan u ahay maalinta hooyada.

Smart, mama I love you.   Fariid, hooyo waan ku jeclahay.

No, I forget **Mother's Day**.   Maya, waan i laabay maalinta hooyada.

How come?   Sidee ahaan?

I do not know.	Ma garanhayo.
That is not good.	Sidaas ma fiicno.
Rubbish.	Qashin.
Never forget Mother's Day.	Waliga ha ilaabin maalinta
hoyada.	
How about Father's Day?	Ka warn maalinta aabaha?
Father's Day is also important.	Sido kale, maalinta aabuhu
waa mahiim.	
Wait a minute,	Daqiiqad i sug.
This is western culture.	Kani waa dhaqanka reer
galbeedka.	
Every day is mothers and Father's Day.	Maalin kasta waa
maalinti hooyada iyo aabaha.	

Short stories.   **Sheeko gaaban**

The father and the son.
Wiil iyo aabihii.
They ride the train to downtown.
Waxay raaceen baabur xadiid ilaa magaalada hoose.
The boy saw a girl with her mother.
Wiilkii wuxuu arkay gabadh hooyadeed la socota.
 He knew the girl in the school.
Gabadha isuulka ayuu ku yaqaanay.
The girl is a Somali and the boy is a Somali.
Gabadhu waa Somaliyad wiilkana waa Somali.
The two of them don't speak Somali language.
Labaduna AF Somaali ku ma hadlaan.
The boy wants to speak to the girl in Somali language.
Wiilku wuxuu rabaa in u Af somaali ku la hadlo gabadha.
He said Sahra how are you.
Waxuu yidh Sahra iska waran.
She said fine.
Waxay tidhi nabad, fiican.

Then he is stuck. He couldn't continue the converstion.

Marka wuu hakaday, wuuna sii wadi waayay hadalkii.

He turned to his dad and asked him.

Aabihii ayuu ku jeedsaday markaasu waydiiyay.

How do I say in Somali, where have you been these days?

Sideen AF Somali ugu dhahaa xagee baad baryahan jirtay?

The father told him in Somali.

Aabihii ayaa AF Somali ugu sheegay.

The boy said in Somali, Sahara where have been these days?

Wiilkii waxuu af Somali ku yidhi, Sahara xagge baad baryahan jirtay?

The girl asked her mam, how do I say in Somali, I was in Ottaw.

Gabadhii waxay waydiisay hooyadeed sida lo dhaho waxaan jiray Ottawa.

Sahra said I was in Ottawa

Sahra waxay tidhi waxaan jiray Ottawa.

The father and the mother look at each other and shook their head.

Aabihii iyo hooyadii ayaa is fiiriyay markaasay madax lulayn.

The boy and the girl look at each other and laugh.

Wiilkii iyo gabadhii ayaa is fiiriyay markaasay qosleen.

The father and mother feel gulty for not teaching their children the Somali language.

Aabihii iyo hooyadii waxay dareemeen in ay yihiin danbiilayaal ayaga oon caruurta barin af somaaliga.

The boy and the girl needed a translator to communicate.

Wiilkii iyo gabadhii waxay u baahdeen turjubaan siday u wada hadlaan.

Then the conversation paused.

Marka wada hadahadalkii wuu istaagay.

The boy wants to know her telephone.

Wiilkii waxuu rabaa in u ogaado telephonkeeda.

The boy asks her telephone number in English.

Wiilkii af ingrees ayuu gabadha telephonkeed ku waydiiyay.

The mother raises her eyebrows.
Hooyadii indha xirimadooda ayeey taagta.
The mothersaid don't give out your phone number.
Hooyadii ayaa tidhi telephonkaaga ha bixin.
The girl said why not?
Gabadhii waxay tidhi maxaan u siin waayay?
Mom, do you know this boy?
Hooyo wiilkan miyaad taqaanaa?
Yes, I know him at school.
Haa, waxaan ku aqaana skuulka.
Sometimes I help him in schoolwork.
Mar mar waxaan ka caawiyaa shaqada skuulka.
You are Smart girl.
Adigu gabadh fariid ah ayaa tahay.
The boy and the girl realize the need of learning somaali.
Wiilkii iyo gabadhii waxay xaqiijiiyeen in ay u baahan yihiin
barashada Af Somaliga.
We don't need transilator anymore.
Anagu turjubaan u ma baahniin intaa wax ka badan.
The boy said I will learn Somali language.
Wiilkii waxuu yidh anigu AF somaliga waan barandoonaa.
The girl said, me too I will learn Somali language.
Gabadhiina waxay tidhi, Aniniga xata AF somaliga waan
barandoonaa.
Next time we see each other, we will talk in Somali.
Marka xiga aynu is aragno AF Somali baan ku wada
hadlaynaa.
Ok.   Waayahay.
Bye now.   Nabad galyo.
See you again later.
Mar kale iyo isarag danbe.

Another short story.
Sheeko kale oo gaaban.

Many people migrated from Somalia.
Dad badan baa ka soo qaxay Somalia.
They come to North America and Europe.
Waxay yimaadeen Waqooyiga America iyo Urup.
They wonder about the culture of these countries.
Waxay ka yaabeen Dhaqanka wadanadan.
Some of the people scare from the culture.
Dadka qaarkood waxay ka cabsadeen dhaqankan.
Others assimilate the new culture.
Qaar kalana way la qabsadeen dhaqanka cusub.
They settle in different cities.
Waxay dageen magaalooyin kala duwan.
Children were sent to schools.
Carurtii waxaa loo diray skuulada.
Children learn English language.
Carurtii waxay barteen Af ingriiska.
They have assimilated the new culture.
Waxay la qabsadeen dhaqankii cusbaa.
Most of children didn't learn the Somali language.
Carurta in ta badan lama barin Af somaliga.
Parents and children could't understand each other.
Walidkii iyo carurtii way is Af garan waayeen.
When families visit each other.
Markay reeruhu is booqdaan.
They introduce children.
Carurta ayay is baraan.
They introduce children as causins.
Waxay carurta isu baraan in ay ilmo abti iyo ilmo adeer yihiin.
But they are't real cousins.
Laakin ma ah ilmo abtigii ama ilma adeerkii runta ahaa.
Later, when children grow up, they don't marry each other.
Hadhow markii ay carurtu korto isma guursadaan.

When you ask to marry each other.
Markaad waydiisid in ay isguursadaan.
They will answer you NO, NO, that is my causin.
Waxay ku dhahayaan MAYA, MAYA, taas waa ina adeertay
ama ina abtiday.
When you tell them you were just neighbors.
Markaad u sheektid in ay daris ahaayn.
They will answer you NO, NO, that is my causin.
Waxay ku dhahayaan MAYA, MAYA, taas waa ina adeertay
ama ina abtiday.
That is big problem to be fixed.
Taasi waa dhibaato weyan oo u baahan in la xaliyo.

Sahara and her mother
Sahara iyo hoyadeed

Sahara was sick.
Sahara way xanuunsatay.
 Sahra went to see her family doctor.
 Sahara waxay aaday in ay arkto dakhtarkeda.
The doctor asked Sahara about her pain.
Dhakhtarkii ayaa waydiiyay Sahara xanuunkeeda.
Sahara said I have chest pain.
Sahara waxay tidhi laabta ayaa ixanuunaysa.
The doctor asked Sahara to open her mouth.
Dokhtarka ayaa waydiiyay Sahara inay afka furto.
She opened her mouth.
Waxay furtay afkeeda.
The doctor investigated for symptoms of infection.
Dokhtarui wuxu kabaadhay calaamadaha xanuunka.
He saw that her tongue is red.
Asagu waxuu arkay carabkeed oo guduudan.
He understood that Sahara had mild infecton.
Asagu waxuu fahmay Sahara inay xanuun sahalan qabto.
The doctor prescribed her medicine.

Dokhtarku waxuu u qoray dawo.
Sahara took 1 tablet three times daily.
Sahara waxay qaadatay hal kaniin sadex goor maalintiiba
Sahara got better after few days.
Sahara way ladnaatay maalmo kadib.
Sahara's mom was happy.
Sahara hooyadeed way faraxday.
The mom laughed and huged her daughter.
Hooyo way qosashay waxayna laabtagalisay gabadheeda.
Sahara laughed and said praise is to God.
Sahara way qosashay waxayna tidhi mahada alle ayaa leh.
(Alxamduliilah).
When you feel pain see your doctor.
Marka aad xanuun dareentid dhakhtarka arag.
Don't wait.   Ha sugin.

Moxamed's story

Moxamed is a 9th grade student.
Moxamed waa arday dhigta aqalka sagaalad.
Moxamed likes Biology and Math.
Moxamed waxuu jecelyahay cilmiga nolasha iyo xisaabta.
He also likes Basketball.
Asagu waxaa kale u jecelyaha kubada kolayga.
Everyday he goes to the basketball center.
Maalin kasta waxuu aadaa xarunta kubada kolayga.
He plays with friends of different ages.
Waxuu la ciyaaraa saxiibo kala cimir duwan.
Most of his friends who play basketball are good students.
Inta badan saaxibadiisa ciyaara kubada kolayga waa arday
fiican.
Some of them aren't good students.
Qaarkood ma ah arday fiican.
Maxamed scores 26 points per game.
Maxamed waxuu dhaliyaa 26 dhibcood ciyaartiba.

He plays basketball for his school.
Waxuu u ciyaaray schuulkiisa kubada kolayga.
Other teams are interested in him to play for them.
Kooxa kale waxay jaceelyihin in u uciyaaro.
Some college coaches are viewing his basketball skills.
Jaamacadah qaarkood ayaa fiirinaya khibrada u kubada
kolayga u leeyahay.

Moxamed's father supports his son's dream.
Maxamed Aabihii ayaa caawiya wiilkiisa si u gaadho riyadiisa.
The father picks him up after every game.
Aabihii ayaa qaadi asaga ciyaar kasta ka dib.
One day the father was late to pick him up.
Maalin ayuu aabihii dib uga dhacay in u qaado.
Mohamed couldn't wait for his father.
Maxamed wuu Kari waayay in u sugo aabihii.
Some of his team players offered him a ride.
Qaar ka mid ah kooxdiisii ayaa u fidiyay in ay qaadaan.
He accepted the ride.
Asagu wuu ogalaaday in la qaado.
Mohamed was naive.
Mahamed waxuu ahaa daacad.
He thought his team players are good people like him.
Asagu waxuu u maleeyay in kooxdu la cayaaro ay sidiiso kale
u ficanyihiin.
After the game Mohamed took a ride with his team
members.
Ciyaarta ka dib waxuu raacay maxamed kooxdii uu la
cayaarayay.
After few minutes of ride, the police stop them.
Daqiiqado ka kadib, askari ayaa joojiyay.
The police asked them to show their driver's license.
Askarigii waxuu weydiiyay sharcigii wadiista gaadhiga.
The police search the car.
Askarigii waxuu baadhay gaadhigii.

The police found a weapon in the car.
Askarigii waxuu ka helay hub gaadhigoodi.
He took all of them to the police station.
Kuligood waxuu u qaaday saldhiga askarta.
The police charged them for possession of a weapon.
Askartii waxuu ku ogay dacwad ah in ay hub wateen.
Also, the court convicted all of them.
Maxkamadiina way xukuntay.
Moxamed's basketball dream ended right there.
Moxamed riyadiisii halkaas ayay ku dhimatay.
He learned a hard lesson.
Waxuu bartay cashar adag.
Don't ride with someone you don't know.
Ha raacin qof aadan garanayn.

Miscommunication	Is Af garansho waa
Misunderstanding	Is fahmilaan

Example	Tusaale

Hassan and his father.
Hassan iyo Aabihi.
The father asked Hassan to get his keys from his pocket.
Aabihii ayaa Hassan waydiiyay in uu furaha jeebkiisa ka soo saaro.
Hassan said what dad, what do you want?
Hassan waxuu yidhi maxaad aabo rabtaa?
Can you get my keys from my pocket?
Furaha jeebka ma iga soo saari karta?
Hassan did't understands what his father is asking him.
Hassan ma fahmin waxuu aabhii waydiinayo.
It took long time for Hassan to get the key for his father.
Mudo dheer ayay ku qaadatay Hassan in u aabihii furaha u keeno.
A lot of time was wasted.

Wakhti badan ayaa lumay.
Finally, Hassan brought a nail cutter to his dad.
Ugu dambayntii Hassan aabhii waxuu u keenay cidiyo jare.
It is important to teach Somali children and teenagers their mother tongue.
Waa mihiim in caruurta iyo dhalinyarada la baro Afka hooyo.

Misunderstanding   Is Af garansho waa

Example   Tusaale

Ali went to his friend Libaan's weeding.
Ali waxuu tagay arooskii saaxiibkii Libaan.
When he came back home.
Markii uu guriga ku soo noqday.
His father asked him, where have he been?
Aabihii baa waydiiyay, xaga uu ku maqna?
Ali said in Somali language, she Libaan was getting married.
Ali waxuu yidhi, Libaan baa aroosaysay
The right answer is "Libaan baa aroosayay."

Misunderstanding   Is Af garansho waa

Example   Tusaale

A father became a good friend with his children.
Aabo ayaa carurtisii la noqday saaxiib fiican.
The father wants his son and daughter to be good students.
Aabuhu waxuu rabaa in carurtiisu noqdaan arday fiican.
The father likes his children to be scintists and lawyer.
Aabahuu waxuu jacelyahay in carurtu noqdaan science yaqaan iyo garyaqaan.
But his son likes music and basketball.
Laakiin, Wiilkisa waxuu jacelyahay musikada iyo kubada kolayga.

His daughter also likes dancing and swimming.
Gabadhiisana waxay jaceshahay qoob ka ciyaarka iyo dabaasha.
The father didn't like their choice.
Aabihii ma jacelaysanin doorashadooda.
He thinks his children are failure.
Waxuu ku fakiray in ay carurtii saaqiday.
But the children are't failure.
Laakiin carurtu ma saaqidin.
They are learning what they like.
Waxay baran hayaan waxay jecelyihiin.
Parents need to support their children.
Waalidku waxay u baahanyihiin in ay carurta taageeraan.
Children also need to respect parents.
Carurtuna waxay u baahanyihiin in ay ixtiraamaan waalidka.
What ever, subject you choose.
Maada kasta, ood dooratid.
You need to master it.
Waxaad u baahantahay aad khabiir ku noqotid.

Numbers	Tiro
One	Koow
Two	Labo
Three	Sadex
Four	Afar
Five	Shan
Six	Lix
Seven	Todobo
Eight	Sideed
Nine	Sagaal
Ten	Toban
Eleven	Kow iyo Toban
Twelve	Laba iyo Toban
Thirteen	Sedex iyo Toban
Fourteen	Afar iyo Toban

Fifteen	Shan iyo Toban
Sixteen	Lix iyo Toban
Seventeen	Todob iyo Toban
Eighteen	Sideed iyo Toban
Nineteen	Sagaal iyo Toban
Twenty	Labaatan
Twenty-one	Labaatan iyo Koow
Twenty-two	Labaatan iyo Laba
Twenty-three	Labaatan iyo Sadex
Twenty-four	Labaatan iyo Afar
Twenty-five	Labaatan iyo Shan
Twenty-six	Labaatan iyo Lix
Twenty-seven	Labaatan iyo Todobo
Twenty-eight	Labaatan iyo Sided
Twenty-nine	Labaatan iyo Sagaal
Thirty	Sodon

Now fellow this pattern up to hundred.

Forty	Afartan
Fifty	Konton
Sixty	Lixdan
Seventy	Todobaatan
Eghity	Sideetan
Ninty	Sagaashan
Hundred	Boqol
Two hundred	Laba Boqol
Three hundred	Sadex Boqol
Four hundred	Afar Boqol
Five hundred	Shan Boqol
Six hundred	Lix Boqol
Seven hundred	Todobo Boqol
Eight hundred	Sideed Boqol
Nine hundred	Sagaal Boqol
Thousand	Kun

Two thousand	Laba Kun
Three thousand	Sadex Kun
Four thousand	Afar Kun
Five thousand	Shan Kun
Six thousand	Lix Kun
Seven thousand	Todoba Kun
Eight thousand	Sideed Kun
Nine thousand	Sagaal Kun
Ten thousand	Toban Kun
Twenty thousand	Labaatan Kun
Thirty thousand	Sodan Kun
Forty thousand	Afartan Kun
Fifty thousand	Kontan Kun
Sixty thousand	Lixdan Kun
Sevety thousand	Todobaatan Kun
Eighty thousand	Sideetan Kun
Ninty thousand	Sagaashan Kun
Hundred thousand	Boqol Kun

Follow this pattern up to one million.
Formulahaa ama qaabkaa ku soco illa million.

Exercise.

Name	Magac

Example

Questions	Suaalo
What is my name?	Aniga magacay?
What is your name?	Adiga magacaa?
What is his name?	Asaga magacii?
What is her name?	Ayada magaceed?
What is their name?	Ayaga magacood?
What are your names?	Idinka magaciin?
What are our names?	Anaga magaceen?

Buuxi halka banana adiga oo isticmaalaya erayga "magac"

Fill in the blank space using the word magac without the pronoun.

1) Magacay?

2)----------------------?

3)----------------------?

4)----------------------?

5)----------------------?

6)----------------------?

7)----------------------?

8)----------------------?

9) Aniga magacaygu waa --
---

10) Adigu magacaadu waa --
----
11) Ayada magaceedu waa --
----
12) Asagu magaciisu waa --
----
13) Ayaga magacoodu waa ------- ------------------------------
----
14) Idinka magaciinu waa --
Dooro jawaabta saxa ah

15) Anaga

a) Magaceedu waa Mohamed.
b) Magacoodu waa Mohamed.
c) Magacaygu waa Mohamed.
d) Midna ma aha.

16) Ayaga

a) Magaceed.
b) Magacii.
c) Magacood.
d) Midna ma aha

17) Gabdhahan

a) Magaceed.   c)) Magacood.

b) Magacii.   d) Midna ma ah

18) Asaga

   a) Magaceed.

   b) Magacii.

   c) Magacood.   d) Midna ma ah

19) Ayada

   a) Magaceed.

   b) Magacii.

   c) Magacood.

   d) Midna ma aha

20) Ali waxuu ku fadhiyaa kursiga--------------------.
   a) Hostiisa
   b) Korkiisa
   c) Hostiisa
   d) Dhinaciisa

21) Da'deedu waxay u -------------------22 ilaa 25 jir.

   a) Hoosaysa
   b) Dambaysaa
   c) Dhaxaysaa
   d) Dhinacaysaa

22) Aniga -------Ali waan heesaynaa.

   a) Marka
   b) Iyo
   c) Laakiin

d) Midna ma aha

23) anigu waxaan akhrinayaa book science ah -------------
Waxaan jecelahay xisaabta.
   a) Marka
   b) Laakiin
   c) Sababtuna
   d) Midna ma aha

24) Buugan aniga ayaa iskaleh. Buugani waa

   a) Buugoodii
   b) Buugaygii
   c) Buugiisii
   d) Buugeedii

25) Buugan asaga ayaa iskaleh. Buugani waa

   a) Buugoodii
   b) Buugaygii
   c) Buugiisii
   d) Buugeedii

26) Buugan ayada ayaa iskaleh. Buugani waa

   a) Buugoodii
   b) Buugaygii
   c) Buugiisii
   d) Buugeedii

27) Buugan ayaga ayaa iskaleh. Buugani waa

   a) Buugoodii
   b) Buugaygii
   c) Buugiisii
   d) Buugeedii

28) Bari intaxaan ayaan leeyahay------------waa in aan horay u seexdo.

    a) Marka
    b) Sababtu
    c) Goorma
    d) Shalay

29) ------------------ ayaad timid?

    a) Marka
    b) Sababtu
    c) Goorma
    d) Midna ma aha

30) ------------------- ka timid?

    a) Xageed
    b) Xagaas
    c) Halkan
    d) Midna ma aha

31) ----------------------yaan jooga.

    a) Xageed
    b) Halkan
    c) Goormaad
    d) Midna ma aha

32) Gabadhan waa Somaali. Midabkeedu waa

    a) Cagaar
    b) Cadaan
    c) Madow
    d) Bluug

33) Wiilkan aabihii iyo hoyadiis waa cadaan. Midabkiisu waa
   a) Cagaar
   b) Cadaan
   c) Madow
   d) Bluug

34) Cawska midabkiisu waa
   a) Cagaar
   b) Cadaan
   c) Madow
   d) Bluug

35) Cirka midabkiisu waa

   a) Cagaar
   b) Cadaan
   c) Madow
   d) Bluug

36) Basketball in Somali language is called --------------------

   a) Kubada gacanta
   b) Kubada kolayga
   c) Kubada cagta/Lugta
   d) Kubada miiska

37) Volleyball in Somali language is called --------------------

   a) Kubada gacanta
   b) Kubada kolayga
   c) Kubada cagta/Lugta
   d) Kubada miiska

38) Soccer in Somali language is called --------------------

a) Kubada gacanta
b) Kubada kolayga
c) Kubada cagta/Lugta
d) Kubada miiska

39) Pingball in Somali language is called --------------------

a) Kubada gacanta
b) Kubada kolayga
c) Kubada cagta/Lugta
d) Kubada miiska

40) TV in Somali language is called -------------------

a) Fogaal arag/Dhalo/Shaashad/Maqal iyo muqaal
b) Idaacad
c) Cajalad
d) Midna ma aha

41) Social media in Somali language is called ----------------

a) Fol ka Fol Buug
b) Baraha Bulshada
c) Suul Dhabaale hadal
d) Midna ma aha

42) Facebook in Somali language is called --------------------

a) Baraha Bulshada
b) Suul Dhabaale hadal
c) Fol ka Fol Buug
d) Midna ma aha

43) Snapchat in Somali language is called -------------------

   a) Baraha Bulshada
   b) Suul Dhabaale hadal
   c) Fol ka Fol Buug
   d) Midna ma ah
44) Qalin baan iibsaday, qalinka yaa iskaleh?

   a) Asaga
   b) Ayada
   c) Aniga
   d) Ayaga

45) Indha kuul bay iibsatay, indha kuusha yaa iskaleh?

   a) Asaga
   b) Ayada
   c) Aniga
   d) Ayaga

46) Ali iyo caasho waxay iibsadeen guri, guriga yaa iskaleh?

   a) Asaga
   b) Ayada
   c) Aniga
   d) Ayaga

47) Warqadan waxay ----------- socotaa Ali.

   a) Timid
   b) Ku
   c) Tagtay
   d) Midna ma ah

48) Warqadan waxay ----------- socotaa Ali.

a) Ka
b) Tagta
C) Midna ma aha
d) Timid

49) Anigu Waxaan shaqeeyay laga bilaabo 2015 kii------------
hada.

   a) Ilaa
   b) Midna ma aha
   c) Sababtuna
   d) Laakiin

50) Ninka halkan taagan waa--------------------------?

   a) Tuma
   b) Kuma
   c) Midna ma aha
   d) Waa tee

51) Gabadha halkan taagan waa ----------?

   a) Tuma
   b) Kuma
   c) Waa kee
   d) Midna ma aha

52) Anigu hada ayaan---------------.

   a) Tagayaa
   b) Tagnay
   c) Tageyna
   d) Midna ma aha

53) Anigu Bari baan----------------.
a) Tagnay
b) Tagi doona
c) Tageyna
d) Midna ma aha

54) Shalay baan ---------------------.

a) Shaqeyay
b) Shaqayn doona
c) Shaqeeyeen
d) Midna ma aha

55) Maanta ayaan ku -----------------------------.

a) Aragtay
b) Arkay
c) Arkayaan
d) Midna ma aha

56) Waxaan wax ku maqlaa-----------------------.

a) Indhaha
b) Dhagaha
c) Sanka
d) Carabka

57) Waxaan wax ku arkaa---------------------------.

a) Indhaha
b) Dhagaha
c) Sanka
d) Carabka

58) Waxaan wax ku dhadhamiya---------------------------.

a) Indhaha
b) Dhagaha
c) Sanka
d) Carabka

59) Waxaan wax ku dhadhamiya---------------------------.

a) Indhaha
b) Dhagaha
c) Sanka
d) Carabka

60) Jidhkeena labada isu ooyda waa ----------------------.

a) Indhaha
b) Dhagaha
c) Sanka
d) Carabka

61) Jidhkeena labada is qaada waa ----------------------.

a) Indhaha
b) Dhagaha
c) Lugaha
d) Gacmaha

62) Jidhkeena labada isi suga waa ----------------------.

a) Indhaha
b) Dhagaha
c) Lugaha
d) Gacmaha

References

Andrzejewiski, B.W (1964). The declension of Somali Nouns. Los oriental African studies.
Caney, John, (1984). The modernizationof Somali vocabulary, with to the period from 1972 to the present.
Humburg, H. Buske
De larajasse, Rev. Fr. Evangelist (1897) Somali English and Engl London, Kegan, Paul, Trench, Trubner and Co, Ltd.
Guddiga af Soomaaliga (1971) Aasaaska Naxwaha Soomaaliga.
Wasaarada Waxbarashada.
Jaamac, Shire (1976) Naxwaha af Soomaaliga. (Soomaali Grammer) Akadeemyada Dhaqanka 67-98.
Saeed, john I, (1987) Somali Reference Grammer.
Wheaton, MD., Orwin, Martin (1995) Colloquial Somali. London, Routledge.
Mansur, Abdalla omer and Puglielli, Annarita (1999) Barashada Soomaaliga (A Soomaali school grammer) London Haan Associate.